Nicht für die Schule,

sondern für das Leben lernen wir.

Seneca, 1. Jhdt. n. Chr.

Inhaltsverzeichnis

Vorwort

In diesem Sommer beginnt für dein Kind ein ganz neuer Lebensabschnitt: Die Einschulung steht vor der Tür und dein Kind wird Schulkind! Von unserem Nachwuchs wird dieser Tag meist heiß erwartet, für uns Eltern machen sich da auch gemischte Gefühle breit. So schnell sind die letzten Jahre vergangen, die Babyzeit lange vorbei und unser Kleinkind ist nun reif für die Schule. Mit dem Tag der Einschulung beginnt eine neue Lebensphase - und es endet eine alte.

Als Eltern machen wir uns Sorgen, ob unsere Kinder wirklich fit sind für die Schule, oder ob ihnen wichtige Kompetenzen fehlen. Doch anstatt über Eventualitäten zu grübeln, sollten wir Eltern auf die Fähigkeiten unserer Kinder vertrauen. Sie sind weitaus anpassungsfähiger als Erwachsene es vermuten und können sich problemlos mit Situationen arrangieren, die für uns große Herausforderungen bedeuten. Zudem haben unsere Kinder im letzten Jahr auch außerhalb der Kita täglich dazu gelernt. Sie sind wie Schwämme, die Wissen in sich aufsaugen. Und das passiert zumeist ganz unbemerkt von unserer elterlichen Aufmerksamkeit.

Vertrauen wir darauf, dass wir unsere Kinder in ihren ersten Lebensjahren mit allem ausgerüstet haben, was sie nun für eine erfolgreiche Schulzeit benötigen. Wir sollten den großen Tag der Einschulung nicht mit unseren Zweifeln beeinträchtigen, sondern sie voller Zuversicht für ihren Start in die Schulzeit motivieren. Denn mit der Einschulung sollte ein positives Grundgefühl der Schule gegenüber geschaffen werden: Ein unvergessliches Ereignis, an das sich dein Kind auch viele Jahre später noch mit einem Lächeln im Gesicht erinnern wird.

Noch heute, mehr als 35 Jahre später, kann ich mich an meine eigene Einschulung erinnern. Ich saß voller Anspannung auf einer der langen hölzernen Turnbänke, hielt meine Mon-Chichi Schultüte fest umklammert und staunte über die Zweitklässler, die eine kleine Aufführung für uns Neulinge vorbereitet hatten. Meine Eltern saßen hinter mir auf viel zu kleinen Schulstühlen und strahlten voller Stolz und Unglaube darüber, dass ihr kleines Mädchen nun seine Schullaufbahn beginnen sollte.

Viele Jahre später war es an mir, aufgeregte Erstklässler bei ihrer Einschulung begrüßen zu dürfen. Ich hatte mich in meiner Grundschule so wohl gefühlt, dass ich beschoss, selber Lehrerin zu werden. Schule ist für mich immer ein Stück Heimat gewesen und ich bemühe mich stets, dieses Gefühl auch meinen Schülern zu vermitteln.

Die Einschulung ist der Beginn eines ganz neuen Lebensabschnitts. Sowohl für Kinder, als auch für Eltern ändert sich der Alltag von Grund auf. Ein neuer Tagesablauf wird durch den Stundenplan vorgegeben und es braucht einige Zeit, bis sich die veränderten Strukturen für die ganze Familie eingespielt haben. Hinzu kommen viele Gedanken, die man sich als Eltern vor dem Schulbeginn macht: Wie kann ich mein Kind auf die erste Klasse vorbereiten? Wird es sich auch ohne Kita-Freunde in der Schulklasse wohlfühlen? Wie verhalte ich mich, wenn Probleme auftreten?

All diese Fragen werde ich in diesem Buch klären. Ich möchte dich, liebe Mama und lieber Papa, an meinen langjährigen Erfahrungen teilhaben lassen. Dabei wirst du Einblicke in die Seite der Lehrer gewinnen und von meinen persönlichen Erfahrungen als vierfache Mama profitieren. *Einschulung ohne Stress* soll dir deine Sorgen nehmen und als Leitfaden für den Beginn der Schulzeit dienen. Es wird dich mit Informationen rund ums Schulleben ausstatten und Wege aufzeigen, wie du auch herausfordernde Situationen gemeinsam mit deinem Kind meistern kannst.

Ich wünsche mir, dass dein Kind mit leichtem Herzen und festem Schritt in sein Schulleben startet. Fangen wir an, ihm einen sicheren Weg zu ebnen.

Deine
Viola Patricia Herrmann

FYI

Für einen besseren Lesefluss verwende ich zumeist die maskuline Form. Selbstverständlich sind damit auch alle Schülerinnen, Lehrerinnen und Kolleginnen gemeint. Schule soll verbinden, nicht trennen. Dieser Gedanke zieht sich durch mein gesamtes Buch. Ein paar fehlende Buchstaben schließen daher nicht die weiblichen Anteile von Schule aus, sie sind vielmehr jederzeit präsent.

♡

Kapitel 1

Warum schaukeln gut für Mathe ist

Sag mal, Viola, was kann ich eigentlich machen, um mein Kind noch besser auf den Schulanfang vorzubereiten? Hast du irgendwelche Tipps für Bücher oder so?“ Ganz oft stellen mir Eltern diese Frage. Verständlich, denn natürlich möchte jedes Elternteil seinem Kind einen problemlosen Schulanfang ermöglichen.

Meine Antwort ist immer die gleiche: Ja, habe ich. Es gibt tolle Bücher und Hefte, mit denen Kinder sich auf den Schulanfang einstimmen können. Sie sind ansprechend gestaltet, kindgerecht und motivieren die baldigen Schulkinder. Am besten sucht man solche Übungsmaterialien gemeinsam mit dem Kind aus. Kinder haben eine schnelle optische Vorliebe für bestimmte Hefte und natürlich macht das Lernen darin dann auch viel mehr Spaß!

Allerdings habe ich noch einen besseren Tipp, der sicher auch den Vorlieben vieler Kinder eher entspricht: Draußen spielen! Was sich so simpel anhört ist in Wahrheit die beste Vorbereitung auf die Schulzeit, die du deinem Kind ermöglichen kannst. Es kostet kein Geld, ist immer verfügbar, nie langweilig und dabei immer lehrreich. Perfekt, oder?

Beispiel Schaukeln: Während Schaukeln für uns Eltern nur ein einfaches Hin- und Herschwingen ist, so erfahren unsere Kinder dabei noch weitaus mehr. Neben der Schulung ihres Körpergefühls durch das Halten der Balance, schaffen sie beim Schaukeln tatsächlich eine wichtige Grundlage für den Mathematikunterricht. Denn sie entwickeln so eine Vorstellung für die Prinzipien der Addition und Subtraktion. Es geht vor- und zurück, genau wie bei diesen Grundrechenarten. Besonders die Fähigkeit, den Minusbereich zu verstehen, wird durch Schaukeln ganz spielerisch gefördert.

Mit Sand bauen und matschen hat für alle Kinder eine große Faszination. Gut so, denn hierbei schulen sie sowohl ihre Feinmotorik, als auch ihr räumliches Vorstellungsvermögen. Wie hoch kann der Sandberg gebaut werden bis er umkippt? Wieviel Wasser muss ich nachgießen, damit das Bächlein durch die ausgebuddelte Rinne fließt? Kleine Experimente, in denen Kinder mehr lernen, als es von außen häufig den Anschein hat.

Nicht nur der Spielplatz, sondern jede kleine Grünfläche dient zum außerschulischen Lernen. Hier lernen Kinder zum Beispiel anhand von Pusteblumen, dass der Wind aus verschiedenen Richtungen kommen kann. Sie beobachten, dass auch auf engen Räumen verschiedene Tiere leben. Sie können fühlen, dass trockene Erde sich ganz anders anfühlt als feuchte. Wichtige Erkenntnisse für den Sachkunde- bzw. Heimatkundeunterricht, die sich schon Kleinkinder spielerisch erschließen können.

Auch Stadtkinder sind nicht ausschließlich auf Spielplätze angewiesen, um Erfahrungen für den Schulanfang zu sammeln. Pfützen auf Pflastersteinen sind toll! Sie entstehen durch Regen und verschwinden auf magische Art nach einiger Zeit wieder. Wieso? Kinder stellen Fragen, um ihre Umwelt besser verstehen zu können. Als Eltern ist es unsere Aufgabe, ihre natürliche Neugierde zu fördern und ihre Fragen aufzugreifen. Wissen muss man dabei nicht alles. Es macht genauso viel Spaß (und ist nicht minder lehrreich), spannende Phänomene Zuhause in einem Buch gemeinsam nachzulesen.

Du musst nicht auf dem Land leben, um deinem Kind die Abläufe der Natur nahebringen zu können. Jeder Schritt außerhalb des Wohnraums bietet Möglichkeiten zum Lernen. Kinder haben die wunderbare Gabe, überall Spielmöglichkeiten zu entdecken. Manchmal ist das für uns Eltern anstrengend, denn wir müssen noch Dinge erledigen, haben es eilig und keinen Nerv, auf ein spielendes Kind zu warten.

Aber vielleicht gibst du deinem Kind beim nächsten Mal 5 Minuten Zeit, wenn es anfängt, einen Stein mit einem Stock vorwärts zu schubsen. Denn jetzt weißt du dass es nicht „nur“ spielt. Es übt und lernt. Es testet nämlich aus, welche Hebelwirkung nötig ist, um genau diesen Stein zum Rollen zu bringen. Sobald es das geschafft hat, wird es den Stock wegwerfen und ihr könnt gemeinsam weitergehen. Und dabei das gute Gefühl haben, dass dein kluges Kind gerade ganz eigenständig einen wichtigen Beitrag zur Vorbereitung auf seinen Schulanfang geleistet hat!

Etwas begreifen meint eben nicht nur den geistigen Vorgang, sondern auch das haptische (tastende) Verstehen von Dingen.

So lernen Kinder am leichtesten – und vor allem nachhaltigsten. Die Welt ist für sie ein Spielplatz, auf dem sie sich Fähigkeiten erarbeiten, die sie für ihr späteres Leben brauchen. Spielen ist wichtig, denn Spielen ist Lernen in seiner reinsten Form.

Also ermuntere dein Kind nach draußen zu gehen und zu spielen. Und wenn es abends erschöpft von den vielen Eindrücken ist, lies ihm eine entspannte Gute-Nacht Geschichte vor. Damit hast du mehr für einen guten Start in die Schule getan, als theoretische Lernmaterialen es können.

Kapitel 2

Wo ist die Zeit geblieben?

Warum du dein Kind jetzt

l o s l a s s e n musst

Für viele Eltern bedeutet die Einschulung in erster Linie eins: Loslassen. Dein Kind ist jetzt so groß geworden, dass es den Kindergarten verlässt und mit der Einschulung einen neuen Lebensabschnitt beginnt. Als Lehrerin und Mama von vier Kindern möchte ich dir Mut machen für diesen spannenden Übergang und die erste Zeit in der Schule.

Vorneweg sei eins gesagt: Ich verstehe deine gemischten Gefühle und Sorgen zu 100%. Als meine älteste Tochter eingeschult wurde habe ich mich gefühlt, als ob man mir mein Kind wegnimmt. Ich empfand den Schuleintritt regelrecht als Eingriff in unser Familienleben, denn erstmals hatte ich als Mutter nicht mehr die uneingeschränkte Weisungsbefugnis für mein Kind. Die Schulpflicht hatte sie sich geschnappt und aus deren Fängen gab es kein Entkommen.

Damals habe ich mich sehr über mich selbst gewundert. Schließlich habe ich als Lehrerin schon diverse Einschulungen besucht und häufig in ersten Klassen unterrichtet. Ich weiß durchaus, dass der Schulbeginn kein Drama, sondern für Kinder ein logischer Schritt in ihrer Entwicklung ist. Und trotzdem fiel es mir schwer, mein „Baby“ loszulassen.

Meine Große ist mittlerweile im Abitur und ihr jüngerer Bruder kämpft sich durch die Anforderungen des Gymnasiums. Schule ist auch privat für mich zum Alltag geworden. Ein wesentlicher Teil im Leben meiner Kinder, den ich begleite so gut ich kann. Wie bei allen Veränderungen dauert es auch bei der Einschulung ein wenig, bis man sich mit der neuen Situation arrangiert hat. Doch schon bald hat man das Gefühl, als ob es nie anders gewesen ist.

Aus meiner Sicht als Lehrerin kann ich dir sagen: Vertraue deinem Kind! Kinder können oft viel mehr, als wir Eltern ihnen zutrauen. Und sie wachsen an ihren Aufgaben. Als Lehrer kann man förmlich dabei zusehen, wie sich das Selbstvertrauen der Schulanfänger in den ersten Wochen entwickelt. Die anfängliche Scheu und Zurückhaltung weicht dann zunehmend lautem Lachen und durchgehenden Unterhaltungen (gerne auch im Unterricht, na klar).

Warum ist das so? Die Kinder erfahren, dass ihre Schulklasse ein geschützter Raum ist, in dem sie sich wohlfühlen können. Sie trauen sich nach und nach mehr zu und diese Erfolgserlebnisse erfüllen sie mit Stolz. So kann die Bewältigung von kleinen Aufgaben wie z.B. eigenständig ab dem Schultor zur Klasse gehen, mit einem Partner den Gang zur Toilette erledigen oder der Dienst als Heftausteiler im Matheunterricht eine starke Motivation für die Kinder sein. Sie schaffen Dinge, die ihnen im Kindergarten nicht zugetraut wurden. Das stärkt ihr Selbstbewusstsein enorm.

Leider gibt es vereinzelt auch Kinder, die sich in der Schule nicht wohl fühlen. Die Gründe dafür können ganz unterschiedlicher Natur sein und müssen stets individuell herausgearbeitet werden. Jedes Elternteil wünscht sich, dass das eigene Kind glücklich ist und gerne in die Schule geht. Sollte das auch nach ein paar Monaten nicht der Fall sein, empfehle ich ein Gespräch mit dem Klassenlehrer. Dieser erlebt dein Kind im Schultag am häufigsten und hat daher den besten Einblick in sein Verhalten. Gerade Klassenlehrer der Schuleingangsphase sind sensibilisiert für emotionale Themen, die ihre Schüler betreffen. Sei ehrlich und schildere ihm (oder natürlich auch ihr) ganz offen, warum du dir Sorgen machst. Wenn Schule und Elternhaus zusammen arbeiten gibt es immer eine Möglichkeit, die Situation im Sinne des Kindes zu klären und zu verbessern.

Dennoch habe ich den Großteil meiner Schulanfänger immer als fröhlich und gut integriert erlebt. Und auch kleine Probleme, die sich beim Einleben in den Schulalltag ergaben, lösten sich mit der Zeit zumeist von alleine auf. Kinder sind kleine Superhelden und sie wachsen mit ihren Aufgaben.

Erfahrene Lehrer erkennen zudem recht schnell, welches Kind welche Förderung benötigt. Differenzierende Unterrichtsmaterialien sorgen dafür, dass jedes Kind auf seinem eigenen Leistungslevel arbeiten kann. Besonders in der ersten Klasse sind die Materialien auch so gestaltet, dass genug Raum für abwechslungsreiche Aufgaben wie ausmalen, schneiden oder kleben bleibt. Für Schulanfänger sind Methodenwechsel sehr wichtig, weshalb einige Lehrer regelmäßig kurze Bewegungsspiele in ihren Unterricht einbauen. Und kleine Belohnungen wie Sticker oder andere Motivationshilfen fehlen auch in keiner Schublade eines Lehrertisches…

Kurzum: Mach dir nicht allzu viele Sorgen wegen der Einschulung. Sie kommt ohnehin, da kannst du nichts dran ändern. Stärke dein Kind und lobe es für kleine Erfolge. Sei für dein Kind da, frage nach seinem Schultag und freue dich gemeinsam mit ihm über seinen Lernzuwachs. Wenn du dann noch Hand in Hand mit den Lehrern arbeitest, die genau wie du das Beste für dein Kind wollen, dann steht einem gelungenen Start in die Grundschulzeit nichts mehr im Weg.

Kapitel 3

Einschulung ohne Kita-Freunde?

Kein Problem!

Als Eltern staunt man, wie schnell die Zeit von der Geburt bis zum Schulbeginn vergangen ist. Viel zu schnell, so viel steht fest. Und natürlich ist eine Einschulung auch mit vielen Fragen und Sorgen verbunden, denn nun beginnt ein neuer Lebensabschnitt und das eigene Kind steht vor ganz neuen Herausforderungen.

Besonders häufig taucht dabei die Frage auf, ob das Kind sich auch ohne vertraute Gesichter aus Kita oder privatem Umfeld in der Schule problemlos zurechtfinden wird. Ganz alleine in einer Klasse ohne Freunde – schafft mein Kind das? Wird es sich wohlfühlen? Wie schnell findet es neue Kontakte und leidet seine Konzentration vielleicht darunter, dass es den Einstieg in die Grundschule ohne die Unterstützung von Freunden bewältigen muss?

Aus meiner Erfahrung als Lehrerin kann ich sagen, dass Kinder weitaus anpassungsfähiger sind, als wir Eltern oft vermuten. Kinder, die gänzlich ohne Freunde eingeschult werden fühlen sich am Anfang zwar unwohler als diejenigen, die ein oder zwei Kita-Kameraden an ihrer Seite wissen. Ihnen fehlt ein stückweit die Sicherheit, die vertraute Gesichter in einer fremden Umgebung mit sich bringen.

Doch dieser vermeintliche Nachteil gleicht sich bei den meisten Kindern bereits innerhalb der ersten Schultage aus. Kinder sind zumeist sehr offen und neugierig, was ihre Klassenkameraden betrifft. Da reicht ein heruntergefallener Stift oder ein tolles buntes Zopfgummi, um zaghaft einen Kontakt herzustellen. Sobald dieses Eis gebrochen ist, entwickeln sich Freundschaften rasant schnell.

Ich habe schon erlebt, dass gerade eingeschulte Kinder einander im Unterricht scheu begegnen, nur um in der nächsten Hofpause gemeinsam fröhlich zu spielen. Kleine Grüppchen, die andere Kinder ausschließen, bestehen zu Beginn der ersten Klasse noch nicht. Von daher ist es auch für Kinder ohne Freunde leicht, Anschluss zu ihren Klassenkameraden zu finden.

Zudem mischen sich Freundschaften im Kindesalter immer wieder neu. Ein bester Kita-Freund bleibt nicht unbedingt während der Schulzeit auch der beste Freund. Kinder testen und probieren aus, mit welchen anderen Kindern sie harmonieren. Wer hüpft am besten Seil, rennt am schnellsten oder hat die besten Pausen-Ideen? All das sind Kriterien, die Kinder bei der Wahl ihrer Freundschaften beeinflussen. Und da es immer wieder neue Ideen gibt, ergeben sich auch immer wieder neue Verbindungen innerhalb einer Schulklasse.

Vielleicht fragst du dich jetzt: Aber was ist mit den schüchternen Kindern, die nicht gut darin sind, Kontakte zu anderen aufzubauen? Sei versichert, auch sie werden ihren Platz in der Klasse finden. Auch dann, wenn sie ohne Freunde eingeschult wurden. Eventuell wird es länger dauern, bis sie in die Gruppe integriert sind und gezielt Freunde gefunden haben. Oder sie brauchen ein wenig Unterstützung vom Lehrer, der z.B. während Gruppenarbeitsphasen oder der Verteilung von Ämter-Teams darauf achtet, zurückhaltenden Kindern geeignete Partner an die Seite zu stellen.

Doch wie heißt es so schön? Auf jeden Topf passt ein Deckelchen. Und so werden auch schüchterne Mädchen oder Jungen ihren Schultag nicht lange alleine bestreiten. Falls du das Gefühl hast, dein Kind tut sich auch nach einigen Wochen noch schwer mit dem Schulbesuch, solltest du auf jeden Fall das Gespräch suchen. Setz dich gemütlich hin mit deinem Kind und lass dir in Ruhe von seinem Schulalltag und den damit verbundenen Gefühlen berichten. Empfindet dein Kind es auch als Problem, noch keinen wirklichen Anschluss gefunden zu haben? Oder war es vielleicht nur dein Blick von außen, der dir Sorgen bereitet hat? Nachdem du deine Vermutung geklärt hast, kannst du zielgerichteter handeln.

Sofern sich dein Gefühl bestätigt hat, solltest du Kontakt zum Klassenlehrer deines Kindes aufnehmen und mit ihm über das Problem sprechen. Seine Aufgabe ist es, die Integration deines Kindes im Klassenzimmer dann verstärkt zu fördern. Sollte sich dein Verdacht als unbegründet erwiesen haben - prima! Nimm dir täglich ein paar Minuten Zeit, um aktuelle Berichte deines Kindes zu hören. So bist du immer gut informiert und kannst zeitnah reagieren, falls sich doch mal ein Problem auftut.

Kapitel 4

Form follows function:

Der richtige Schulranzen

Der Schulranzen ist wohl das Symbol zur Einschulung schlechthin. Jedes Kind erwartet mit Spannung den Tag, an dem es endlich Schulkind wird und voller Stolz seinen Schulranzen den Klassenkameraden präsentieren kann. Doch wie wähle ich das passende Modell für mein Kind aus? Meine Tipps helfen dabei, die richtige Entscheidung für die nächsten Schuljahre zu treffen.

Als ich eingeschult wurde gab es genau zwei Schulranzen zur Auswahl: Das blaue Modell oder oder das rote Modell. Somit war die Entscheidung schnell gefallen und meine Eltern mussten sich keine weiteren Gedanken über meinen Schulstart machen. Federtasche dazu gekauft, Bücher verstaut und so stiefelte ich scher bepackt am ersten Tag meiner Schulkarriere entgegen. Heutzutage ist das ganz anders.

Die Auswahl an Modellen und deren Designs ist schier unerschöpflich. Groß, klein, breit, schmal - für jeden Körperbau scheint es das richtige Modell zu geben. Verziert mit Dinosauriern, Pferden oder Sportsymbolen wird die Aufmerksamkeit der Kinder generiert, die einen Schulranzen zumeist ausschließlich nach der Optik auswählen. Verständlich, denn sie identifizieren sich mit ihren Hobbys und Helden und möchten diese auch nach außen hin zeigen.

Doch als Eltern sollten wir auf mehr achten, als eine ansprechende Optik. Die 5 wichtigsten Kriterien zum Kauf eines Schulranzens möchte ich dir hier gerne vorstellen. Wie ich sie ausgewählt habe? Zum einen basierend auf meiner jahrelangen Erfahrung als Grundschullehrerin. Zum anderen als Mutter von Zwillingsmädchen, deren Schultasche sich seit mittlerweile einem Jahr tagtäglich bewährt hat.

Werfen wir also einen Blick auf die wichtigsten Eigenschaften, die ein Schulranzen bieten muss:

1. Ergonomie
2. Mitwachsen
3. Raumaufteilung
4. Reflektoren
5. Material

1. Die Ergonomie

Jeder Kinderrücken ist anders. Dabei ist nicht nur die Größe eines Kindes entscheidend, sondern auch seine Statur. Einige Kinder haben bereits in jungen Jahren einen breiteren Rücken, andere sind eher zart gebaut. Auf diese körperlichen Unterschiede muss ein Schulranzen individuell eingehen können.

Viele Firmen bieten dafür bereits in ihrer Modellauswahl unterschiedliche Varianten an. So gibt es beispielsweise sog. Lightweight Modelle, die ein geringes Eigengewicht mitbringen und sich somit perfekt für zartere Kinder eigenen. Hier lohnt sich ein Blick auf die Startseiten der populären Schulranzen-Anbieter, auf denen sich zumeist eine Vorstellung der unterschiedlichen Modelle befindet.

Tipp: Zunächst als Eltern eine Vorauswahl des Modells treffen. Anschließend kann gemeinsam mit dem Kind das Design ausgesucht werden. Andernfalls „verliebt" sich das Kind vielleicht in ein Design, das jedoch gänzlich unpassend für seine Statur ist. Diesen Ärger kann man durch eine Auswahl im Vorfeld vermeiden.

2. Mitwachsen

Meine beiden älteren Kinder haben ihren ersten Schulranzen vom 1.-4. Schuljahr getragen. Klar, dass sie in dieser Zeit enorm gewachsen sind. Da ein vernünftiger Schulranzen aber doch recht teuer ist, sollte er diesen Zeitraum problemlos überstehen können. Hier lohnt es sich definitiv in bessere Qualität zu investieren, als nach zwei Jahren die nächste größere Schultasche anzuschaffen.

So bieten hochwertige Schulranzen die Möglichkeit, den Rückenteil sowie sämtliche Gurte in der Länge zu verstellen. Der Schulranzen wächst quasi mit dem Kind mit und kann mit wenigen Handgriffen individuell auf die Körpergröße des Kindes angepasst werden.

3. Raumaufteilung

Für Schulanfänger ist es eine große Herausforderung, sich eigenständig im Unterricht organisieren zu können. Wo war nochmal der Deutsch-Hefter und wieso ist das Trinken wieder über das Mathe-Buch gelaufen? Diese Stressfaktoren können durch eine vernünftige Aufteilung des Innenraums der Schultasche vermieden werden.

Generell ist es wichtig, den Proviant von den Schulmaterialien zu trennen. Eine separate (Seiten-)Tasche ist daher Pflicht für jeden Schulranzen. Des weiteren hilft es Kindern, wenn Bücher und Arbeitsmaterialien (Hefte und Hefter) voneinander getrennt sind. Sie können so besser den Überblick behalten und leichter nachvollziehen, welches Material sich in ihrer Schultasche befindet.

Weitere kleine Abteile sowie verschließbare Fächer (zum Beispiel für Kuchengeld) tragen zusätzlich dazu bei, die Eigenorganisation der Kinder zu fördern. Je aufgeräumter die Schultasche, desto leichter lässt sich die Aufmerksamkeit auf den Unterricht richten.

4. Reflektoren

Reflektoren sind lebenswichtig. Sie lassen an dunklen Tagen die Schulranzen im Licht der Autofahrer so hell erstrahlen, dass auch kleine Kinder nicht übersehen werden können. Noch immer gibt es viel zu viele Verkehrsunfälle mit Schulanfängern. Reflektoren tragen maßgeblich dazu bei, diese Gefahr für das eigene Kind zu verringern.

Sämtliche Modelle der größeren Schulranzen-Anbieter sind üppig mit Reflektoren versehen.

Sollte sich euer Kind für eine Ledertasche o.ä. entscheiden, die keine Reflektoren enthält, kann man diese auch nachträglich ergänzen.

Tipp: Selbstklebende Reflektoren und reflektierenden Anhänger kosten weniger als 10€ und erhöhen die Sichtbarkeit deines Kindes deutlich. Ebenfalls eine sinnvolle Idee als Ergänzung für Sportbeutel und Co.

5. Material

Was meinst du, wie viele Schultaschen ich schon durch den Klassenraum habe fliegen sehen? Richtig, so einige! Schultaschen müssen robust sein und ein weitgehend unempfindliches Material haben. Sie werden täglich benutzt, strapaziert und selten pfleglich behandelt. Sofern man lange Freude an dem schönen Design des Schulranzens haben möchte, empfiehlt sich ein robustes Nylonmaterial, das jedem Schulalltag standhält.

Zudem solltest du berücksichtigen, dass eine Schultasche verschiedensten Witterungsbedingungen ausgesetzt ist. Auch wenn es auf dem Schulweg regnet muss gewährleistet sein, dass die enthaltenen Arbeitsmaterialien unversehrt und trocken im Klassenzimmer ankommen. Das Material der Schultasche sollte daher feuchtigkeitsabweisend sein und zudem so gearbeitet, dass es den Innenraum komplett umschließt. Dies gelingt am besten mit seitlichen Überständen, welche viele Modelle mittlerweile standardmäßig enthalten.

Egal für welche Firma oder für welches Modell du dich mit deinem Kind entscheidest, eins solltest du dabei immer bedenken: Zuerst kommt die Funktion, danach das Design. Die schönste Schultasche bringt nichts, wenn sie unbequem oder unpraktisch ist.

Aus meiner Erfahrung kann ich sagen, dass sich die Investition in eine qualitativ hochwertige Schultasche wirklich lohnt. Dein Kind wird mit dieser Arbeitstasche die nächsten Jahre bestreiten und sie wird ihm für immer in Erinnerung bleiben. Zudem enthalten teurere Modelle zumeist komplette Sets samt Sportbeutel und Federtasche, so dass sich die Anschaffung ein wenig relativiert. Dabei könnte dieser Inhalt auch auf Verwandte oder Freunde übertragen werden, die ein sinnvolles Geschenk zur Einschulung suchen. Somit werden die eigenen Kosten zusätzlich minimiert.

Kapitel 5

Alles außer Schoki: 40 Geschenke für die Schultüte

Eine gut gefüllte Schultüte darf bei der Einschulung natürlich nicht fehlen. Aber welche Geschenke sind sinnvoll und werden nicht direkt nach dem Auspacken vom frischgebackenen Schulkind entsorgt? Hier habe ich 30 Ideen für dich gesammelt, die sich in der Schule als sinnvoll und nachhaltig erwiesen haben.

Bunte Würfel

Würfel werden im Mathematikunterricht in ganz unterschiedlichen Zusammenhängen benötigt. Man kann mit ihnen die Grundrechenarten üben, Spiegelungen untersuchen und Wahrscheinlichkeiten erörtern. Die Würfel werden fast die gesamte Grundschulzeit über benutzt. Daher lohnt es sich in ein paar schöne Exemplare zu investieren, mit denen die Kinder dann auch gerne arbeiten.

Sticker für den Schulranzen

Gerade Erstklässler sind unheimlich stolz auf ihre Schultaschen. Sie präsentieren Lehrern und Mitschülern mit Freude ihr eigenes Modell und strahlen, wenn man dies bewundert. Mit speziellen Stickern lassen sich Schultaschen individualisieren und werden somit zum ganz persönlichen Exemplar. Reflektierende Sticker sorgen für zusätzliche Sicherheit auf dem Schulweg.

Geldbörse für Milchgeld

Fast alle Schulen bieten mittlerweile Verköstigung für die Schüler an. Einige haben dafür eine Cafeteria eingerichtet, andere verkaufen in kleinen Pausen Milchpäckchen für Zwischendurch. Zum Aufbessern der Klassenkasse werden zudem häufig Kuchenverkäufe durchgeführt, bei denen selbst gebackene Kuchenstücke zum Stückpreis von ca. 50

Cent verkauft werden. Kurzum: Eine Geldbörse wird fast täglich gebraucht.

Glücksbringer für die Federtasche

Eine extra Portion Glück kann bekanntlich nie schaden. Und vielen Kindern tut es besonders anfangs gut, wenn sie einen kleinen Wegbegleiter von Mama und Papa dabeihaben. Viele niedliche Glücksbringer kann man am Verschluss des Federmäppchens anbringen. So gehen sie nicht verloren und sind immer in Sichtweite.

Ein Schreiblernfüller

Zu Beginn der 1. Klasse wird dein Kinde zunächst mit Bleistift oder Tintenroller schreiben. Doch nach einiger Zeit wird der Klassenlehrer auf die Anschaffung eines Füllers drängen. Diese sind nicht gerade preiswert und eignen sich daher sehr gut als

Geschenk für die Schultüte. Und natürlich motiviert so ein schicker Schreiblernfüller auch dazu, ihn möglichst schnell benutzen zu dürfen. Da ein Füller sehr individuell in der Hand liegt, bietet sich ein Kauf im Fachhandel an. Achte beim Kauf des Füllers auch darauf, ob er für Rechts- oder Linkshänder geeignet ist.

Turnschläppchen für Sport

Manche Kinder lieben sie, manche Kinder hassen sie: Turnschläppchen. Tatsache ist aber, dass kein Schüler an ihnen vorbei kommt. Im Sportunterricht werden sie immer wieder benötigt und durch die rutschfeste Sohle bieten sie eurem Kind sicheren Halt bei verschiedenen Übungen. Mittlerweile gibt es verschiedene Modelle für Mädchen, Jungen oder Unisex.

Anbei findest du eine Zusammenstellung von 40 Geschenken für die Schultüte. Du kannst sie kopieren und direkt als Vorlage für deine Einkäufe verwenden. Natürlich kannst du auch einige Ideen an Familie oder Freunde weitergeben, die somit Anregungen für ein sinnvolles Geschenk zur Einschulung bekommen. Denke im Sinne deines Kindes daran, dass die Schultüte nicht zu groß und nicht zu schwer sein sollte.

Bei der Frage, ob die Schultüte selber gemacht oder gekauft werden sollte, scheiden sich die Geister. Während einige Eltern Freude daran haben ganz individuelle Modelle für ihr Kind selber zu basteln, ziehen andere Familien den Kauf einer fertigen Schultüte vor. Ein richtig oder falsch gibt es hier nicht. Jedes Schulkind ist unendlich stolz auf seine eigene Schultüte und zwar völlig unabhängig davon, ob sie gekauft wurde oder selbstgemacht ist.

40 Geschenkideen für die Schultüte

- Wecker (achte auf leises Ticken)
- Gummitwist o.ä. für die Hofpause
- Milchzahndose
- Freundebuch
- Erinnerungsalbum
- Erste Armbanduhr
- Bastelschere
- Hörspiel WAS IST WAS
- Toniefigur
- Pixie Buch zum Schulanfang
- Lesezeichen
- Trinkflasche
- Brotdose
- Namensaufkleber
- Kartenspiel mit Verkehrszeichen
- Spielgeld
- Rucksack für Ausflüge
- Seifenblasen
- T-Shirt mit Schul-Logo
- Motivations-Sticker
- Motivations-Sticker
- Wissensblöcke im Taschenformat
- Quartett
- Kartenspiel Rinks-Lechts
- Sorgenfresser Kuscheltier
- Kinder-Regenschirm
- Bücher für Erstleser
- Holzding Rechenbrett
- Kinder-Globus
- Personalisiertes Kinderbuch
- Tierpatenschaft für Zoo oder Wildpark
- Gutschein für Kino, Theater, Ausflug…
- Spardose
- Stempelset
- Straßenkreide
- Knete
- Wissens-Puzzle
- Seilsprung-Seil
- ABC - Poster
- Glücksbringer
- Zeugnismappe

Kapitel 6

Achtung, Aufregung!

Der 1. Elternabend

Wie aufregend, der erste Elternabend steht an! Du kannst mir glauben, der Klassenlehrer ist genau so aufgeregt wie du. Auch er oder sie wird an diesem Abend all die Menschen kennen lernen, mit denen er die nächsten Jahre zusammen arbeiten wird. Für dich bedeuten die anderen Eltern einen Pool an neuen Kontakten, die in vielen Fällen auch weit über rein schulische Aspekte hinausgehen werden. Ebenso wie dein Kind neue Freunde in seiner Klasse trifft, wird sich auch dein Freundeskreis durch nette Mütter oder Väter vergrößern. Natürlich bist du am ersten Elternabend auf die inhaltlichen Themen konzentriert und wirst dir darum noch nicht so viele Gedanken machen. Das ist ganz normal und wird sich in den kommenden Jahren miteinander auf wunderbare Art und Weise ergeben.

Jeder Elternabend wird individuell vom Klassenlehrer geplant und durchgeführt. Es gibt keinen einheitlich vorgeschriebenen Ablauf. Doch gerade beim ersten Elternabend, aufgrund seines Timings vor der Einschulung häufig auch nullter Elternabend genannt, gibt es grundlegende Inhalte, die zwingend zu Beginn des Schuljahres besprochen, geklärt und festgelegt werden müssen. Sie dienen als Grundlage für die kommenden Unterrichtswochen und als Ausgangsbasis für den Start in die erste Klasse.

Welche Inhalte das sind, worauf du achten solltest und weitere nützliche Infos zum Schulstart habe ich in diesem Kapitel für dich zusammengestellt. Am Ende des Kapitels erwartet dich zudem eine kompakte Übersicht. Diese hilft dir zum einen bei der Vorbereitung, zum anderen kannst du sie am Elternabend als Vorlage mitnehmen, um kein wichtiges Thema zu vergessen.

Vorstellung der Fachlehrer

In der ersten Klasse werden die meisten Fächer vom Klassenlehrer unterrichtet. Dennoch wird es weitere Lehrer geben, die für ein oder mehrere Jahre dein Kind begleiten. Dies betrifft zumeist die Fächer Sport, Religion, Musik und / oder Kunst. Diese Kollegen werden euch am 1. Elternabend vorgestellt. Sie berichten kurz über die Anforderungen in ihren Fächern, welche Materialien sie benötigen und wie ihr sie kontaktieren könnt.

Eine wichtige Möglichkeit für Eltern, um sich einen ersten Eindruck zu verschaffen. Hier kannst du auch fachspezifische Fragen loswerden (z.B. Wie entschuldige ich mein Kind vom Sportunterricht?).

Erwartungen des Klassenlehrers

Nachdem die Fachlehrer ihre kurze Vorstellung absolviert haben (sie müssen meist schnell weiter, um sich beim Elternabend der Parallelklasse zu präsentieren), wird der Klassenlehrer dir einen groben Überblick über die Arbeitsweise in seiner Klasse geben.

Dazu gehört u.a. die Einführung von Wort, Schrift und Zahlen, die festgelegte Fehlertoleranz und das Bearbeiten von Hausaufgaben. Hier sollte eindeutig geklärt werden, ob es wöchentliche Hausaufgaben gibt, oder ob diese täglich aufgegeben werden. Wichtig ist auch eine Information über die Zusammenarbeit mit dem Hort, der einen Großteil der Hausaufgaben gemeinsam mit den Hortkindern erledigt.

Kommunikation

Eltern müssen die Möglichkeit haben, problemlos Kontakt zum Klassenlehrer aufnehmen zu können. Wie dies möglich ist, entscheidet jeder Lehrer für sich und wird dich darüber beim ersten Elternabend informieren.

Einige haben eine extra Email Adresse für schulische Belange angelegt, andere geben sogar ihre private Handynummer heraus. Sehr häufig ist der einfachste Weg das Mitteilungsheft, welches jeder Schüler täglich in seiner Schultasche dabeihaben sollte. Hier kann eine kurze Nachricht eingetragen werden und vom Lehrer zeitnah reagiert werden.

Wahl der Elternvertreter

Zu Beginn des ersten Schuljahres müssen zwei Elternvertreter gewählt werden. Deren Aufgaben umfassen u.a. die Kontaktaufnahme mit dem Lehrer bei gravierenden Problemen, Koordination und Mithilfe bei Veranstaltungen der Klasse (Feste, Kuchenverkauf,...), sowie die Einladung zu kommenden Elternabenden. Denn dazu laden rein faktisch gesehen die Elternvertreter ein, nicht der Lehrer (obwohl es in der Praxis oft anders gehandhabt wird).

Zudem gibt es mehre Schulgremien, in die sich Elternvertreter wählen lassen können und an denen sie teilnehmen sollten. Es bedeutet also schon eine gewisse Verpflichtung und auch zeitlichen Aufwand, diese Aufgabe zu übernehmen. Also überlege dir das gut!

Gewählt wird meistens für einen Zeitraum von zwei Jahren, aber auch dies kann jede Schule eigenständig festlegen.

Klassenkasse

Die meisten Schulklassen führen eine Klassenkasse. Dort wird zu Beginn des Schuljahres ein (dann festzulegender) Betrag eingezahlt, von dem Ausflüge, Eintrittsgelder etc. bezahlt werden. Das bedeutet natürlich einen gewissen Verwaltungsaufwand. Ein Kassenwart wird gewählt, um ein separates Konto anzulegen und die Ein- und Ausgänge zu dokumentieren.

Organisatorisches

Solltest du bisher noch keine Materialliste erhalten haben, wird dies spätestens bei diesem Elternabend der Fall sein. Dabei handelt es sich um eine Übersicht über das sogenannte Verbrauchsmaterial, welches jeder Lehrer für sein Fach benötigt.

Auch wenn jede Materialliste anders ist, gibt es doch einige Dinge, die in keiner Schultasche fehlen dürfen. Dazu gehören

- eine gut sortierte Federtasche
- ein Schlamperlmäppchen
- eine Postmappe
- das Hausaufgabenheft
- sowie natürlich Brotbox und Trinkflasche

Bitte halte dich an die Vorgaben der Lehrer, denn sie haben zumeist über Jahre hinweg die Materialien gesammelt, die sie wirklich im Unterricht brauchen. Wird zum Beispiel ein Schreibheft mit Rand gewünscht und ihr habt noch eins ohne Rand in der Schublade liegen, dann lass es (bis zum nächsten Schuljahr) dort. Durch die Vereinheitlichung kann gewährleistet werden, dass alle Kinder optimal arbeiten und Erklärungen auch gut verstehen können.

Fotoerlaubnis

Datenschutz spielt natürlich auch an Schulen eine große Rolle. Als Erziehungsberechtigte hast du die Möglichkeit, über Fotos deines Kindes zu entscheiden: Dürfen Aufnahmen gemacht werden? Nur für den internen Gebrauch oder auf der Homepage der Schule?

Vielleicht machst du dir im Vorfeld schon ein paar Gedanken darüber, was sich für dich richtig anfühlt. Zumeist handelt es sich bei der Fotoerlaubnis um eine Liste mit mehreren Spalten, die du entsprechend deiner Entscheidung ankreuzt. Natürlich muss auch das andere Elternteil in diese Entscheidung eingebunden und befragt werden. Der Lehrer muss sich an deine Angaben zwingend halten. Solltest du rückblickend mit deiner Entscheidung unzufrieden sein, kannst du sie jederzeit widerrufen und ändern.

Hier ein genereller Überblick über die Themen des 1. Elternabends:

Der erste Elternabend

Thema	Informationen	Material
Klassenlehrer	Durch Schulleitung	/
Klasseneinteilung	Durch Klassenlehrer	/
Organisation des Schultags	- Unterrichtszeiten - Ablauf erste Schultage - Morgenritual - Mittagessen - Hort - Hausaufgaben	DIN A 4 Umschlag mit sämtlichen Informationen des Elternabends zum Nachlesen.
Kennenlernen	- Brief von Lehrer an Schüler - Steckbrief des S anfertigen - Foto für Klassenzimmer	Vorlagen des Lehrers, welche Zuhause mit deinem Schulkind bearbeitet werden sollen
Bücher und Material	- Vorstellung der Lehrbücher - Erklärung zum Bestellvorgang - Hinweise zum Arbeitsmaterial - Finanzierung	- Formular zur Schulbuchbestellung - Antrag auf Aussetzen des Eigenanteils
Arbeitsgemeinschaften	- Vorstellung des AG Angebots der Schule - Förderung der individuellen Schülerinteressen (freiwillig)	- Übersicht der Schul-AGs - Anmeldeblatt zur Teilnahme
Organisatorisches	- Erreichbarkeit des Lehrers - Krankmeldung des Kindes - Klassenfeste - Klassenfahrten - Nächster Elternabend	Verbale Erklärungen des Lehrers und gemeinsame Terminabsprachen
Hort	- Erläuterung des Hort-Konzepts - Kennenlernen der Erzieherin - Inhalte der Zusammenarbeit	- Separates Set an Unterlagen vom Hort-Anbieter - Anwesende Erzieherin
	Außerdem wichtig	
Anmeldung zum Mittagessen	Impfnachweis Masern	Anstehende Termine
Ansprechpartner	Religionsunterricht	Förderverein

Kapitel 7

Hurra, er ist da! Der große Tag der Einschulung

Na, wer ist bei dir Zuhause aufgeregter: Mama, Papa oder das angehende Schulkind? Nicht mehr lange und der große Tag der Einschulung ist endlich da. Als Grundschullehrerin und Mama von vier Kindern weiß ich, wie aufregend dieser Tag ist und wie gespannt er erwartet wird. Viele Eltern planen schon Wochen und Monate im Voraus: Geschenke für die Schultüte, das Einschulungsoutfit, Einladungen und Dekoration. Das ist sicherlich lieb gemeint, doch ich möchte dich gerne an die wichtigste Zutat für eine gelungene Einschulung erinnern: Gelassenheit.

In den letzten Jahren ist ein regelrechter Hype rund um den Schulbeginn entstanden. Manchmal scheint es mir, als ob wöchentlich neue Artikel für Schulkinder lanciert werden. Dabei geht es nicht nur um relevante Dinge wie Schultasche plus Zubehör,

Schreibwarenbedarf und vernünftige Sportkleidung. Vielmehr wird den Eltern suggeriert, dass ihr Kind unzählige Dinge braucht, um einen gelungenen Schulstart zu erleben. Vom Glitzeranhänger bis zum Snap Band Lineal ist alles vertreten, was irgendwie das Interesse der kleinen ABC-Schützen wecken könnte.

So einiges kann – aber nichts muss

Ebenso verhält es sich bei der Einschulung selbst. Neulich las ich in einem Eltern-Forum, dass der Inhalt der gefüllten *Schultüte* mindestens bei 150€ liegen würde. Auf die zaghafte Nachfrage einer Mutter, ob das nicht etwas üppig sei, erfolgten diverse Rechnungen wie schnell sich so ein Betrag addieren würde.

Man kann so viel Geld für die Füllung einer Schultüte ausgeben – man muss es aber nicht.

Weiter geht´s zum Thema Ootd, besser verständlich als *Outfit of the day.* Auch zu meinem Schulbeginn wurden die Kinder hübsch herausgeputzt und zogen schöne Anziehsachen an. Ich unterstelle jedoch, dass die meisten davon sich bereits vorher im Schrank befanden. Heutzutage wird extra ein komplettes Outfit für die Einschulung gekauft, gerne exakt farblich abgestimmt auf die Schultasche. Hoffentlich passen die schönen Sachen an Weihnachten noch, damit sich der Kauf ein wenig gelohnt hat.

Und auch die *Einschulungsfeier* kann zur Herausforderung werden: Anzahl der Gäste, Design der Einladung und die üppige Dekoration bereiten einigen Eltern schon lange vor dem eigentlichen Tag Kopfzerbrechen. Der Schulbeginn und all die Gedanken, die sich darum gemacht werden gleichen in ihrer Ausprägung manchmal mehr einer Event-Planung, als einem fröhlichen Familienfest.

Wettbewerb statt Kinderfest

Wer Freude daran hat, ein üppig ausgestattetes und von langer Hand geplantes Fest aus dem Eintrittstag ins Schulleben zu machen, dem sei der Spaß daran gerne vergönnt.

Doch bitte lass dich nicht von außen unter Druck setzen. Viel wichtiger als ein perfekt ausgestatteter Tag, den Mama oder Papa wegen der Gedanken um die bevorstehenden Feierlichkeiten vielleicht gar nicht genießen können, ist die entspannte geistige Präsenz in dem Moment, wo dein Kind mit seiner Schultüte die Bühne erklimmt. Dieser Moment zählt und du gewinnst so viel, wenn du das stolze Strahlen deines Schulkindes voller Achtsamkeit in deinen Erinnerungen verankern kannst.

Gelassen genießen

Bemühe dich um eine gesunde Gelassenheit. Dein Kind steht heute im Fokus – nicht die Anerkennung der Gäste über eine opulente Feier. Der Stolz und das Glück deines Schulanfängers ist die schönste Dekoration, die du dir wünschen kannst. Richte deine Aufmerksamkeit auf deinen Schatz und klopfe dir selber auf die Schulter für all das, was du in den Jahren vor dem Einschulungstag für dein Kind geleistet hast. Genieße die Vorfreude und die Leichtigkeit, die am Anfang einer langjährigen Schullaufbahn stehen. Umarme dein Kind und sage ihm, wie stolz du bist.

Die kostbaren Bande der Eltern-Kind Liebe strahlen heller als jeder Deko-Artikel und machen den Tag der Einschulung zu dem, was er sein sollte:

Ein unvergessliches familiäres Ereignis, welches das Kind voller Liebe und Unterstützung in eine aufregende Schulzeit begleitet!

In der Checkliste findest du einen hilfreichen Zeitplan, mit dem du ganz ohne Stress die Einschulung deines Kindes vorbereiten kannst.

<u>Checkliste für Einschulung und Feier</u>

6 Wochen vorher

- Gästeliste zusammen mit Kind festlegen
- Veranstaltungsort klären (Zuhause oder außerhalb)
- Ggf. Restaurant reservieren (Achtung: Einschulungstermine sind schnell voll)
- Mahlzeiten festlegen (Mittagessen oder Kaffeetafel)
- Einladungen verschicken (Freunde deines Kindes nicht vergessen)
- Fotograf organisieren (Professionell oder privat)
- Nötige Unterlagen an die Schule zurückleiten

4 Wochen vorher

- Schultüte besorgen (Selbermachen oder kaufen)
- Sinnvolle Geschenke überlegen (s. Lektion 2 / Kapitel 2)
- Schulbücher bestellen, Verbrauchsmaterial zusammenstellen
- Arbeitsmaterial kaufen

3 Wochen vorher

- Outfit mit Kind besprechen und ggf. organisieren
- Dekoration für die Feier planen
- Partyspiele für die Kinder überlegen

1 Woche vorher

- Schultüte befüllen
- Ablauf der Feier final durchgehen (Änderungen wegen Corona?)
- Gästeanzahl aktualisieren und ggf. an Restaurant weiterleiten
- Partyspiele für Kinder organisieren

1 Tag vorher

- Kuchen backen und Essen vorbereiten
- Kleidung zurechtlegen
- Handy / Kamera aufladen
- Dekorieren
- Schulranzen und Schultüte bereitstellen
- Wecker früh genug stellen

Tag der Einschulung

- Stressfrei in den Tag starten
- Taschentuch für Tränchen einstecken
- Schultasche und Schultüte nicht vergessen
- *Mit positiver Aufregung den Tag genießen!*

Die eigentliche Einschulungsfeier dauert etwa eine Stunde und wird von jeder Schule individuell geplant. Viele Schulen beginnen mit ihrer Planung bereits lange vor den Sommerferien, um die neuen Schulkinder mit einem liebevollen Programm und in einem schönen Umfeld begrüßen zu können. Zumeist führen die Zweitklässler ein Lied oder einen kurzen Sketch auf, durch das Rahmenprogramm führt die Schulleitung. Der aufregendste Moment ist sicherlich der, wenn dein Kind zu seiner Klasse auf die Bühne gerufen wird. Sobald die ganze Klasse versammelt ist, wird sie unter Applaus der stolzen Eltern verabschiedet und folgt dem Klassenlehrer in das neue Klassenzimmer.

Während die Eltern weitere Informationen von der Schulleitung erhalten, lernen die Kinder ihren Platz samt Sitznachbar kennen, orientieren sich im Klassenraum und bekommen von ihrem Lehrer erste Bücher ausgehändigt. Die Schultasche wird bereits in dieser ersten Schulstunde gut gefüllt und anschließend stolz zurück zu Mama und Papa getragen. Nachdem du dein Kind wieder in Empfang genommen hast, geht es nun weiter zu eurer privaten Feier und einem wunderschönen Nachmittag mit einem stolzen Schulkind!

Auf der nächsten Seite findest du noch einmal den Ablauf der schulischen Feier im Überblick:

Ablauf der Einschulung

01 ✓ **Begrüßung**
Die Schulleitung begrüßt alle Anwesenden und erklärt den individuellen Ablauf der Feier.

02 ✓ **Aufführung**
Die zweiten Klassen führen etwas für die Schulanfänger auf

03 ✓ **Einteilung**
Der Klassenlehrer verliest die Namen der einzelnen Schüler

04 ✓ **Vorstellung**
Die Kinder werden gemeinsam mit ihren neuen Klassenkameraden auf der Bühne begrüßt

05 ✓ **Schulstunde**
Mit dem Klassenlehrer geht es zu einer kurzen Schulstunde ins neue Klassenzimmer.

06 ✓ **Verabschiedung**
Der offizielle Teil wird durch die Schulleitung beendet - Zeit für die Familienfeier

KAPITEL 8

Ist das mein Kind? Veränderungen in den ersten Schulwochen

Die ersten Schultage nach der Einschulung sind für Eltern, Kinder und Lehrer voller Euphorie. Die Freude über das schöne Fest ist noch präsent und es wird voller Neugierde und Motivation in den neuen Lebensabschnitt gestartet. Zumeist lässt diese Begeisterung nach einiger Zeit nach und weicht einer objektiveren Sicht auf die Dinge. Viele Schulkinder realisieren nun, dass sich ihr bisheriges Kinderleben stark verändert hat - und dass es keinen Weg zurück gibt.

Während sie in den letzten Kitawochen noch sehnsüchtig darauf gewartet haben endlich ein großes Schulkind zu werden, ist der eigentliche Schulstart eine große Herausforderung. Die neue Umgebung und deren ungewohnte Verhaltensweisen verlangen Kindern viel ab. Sie müssen sich in einem unbekannten Gebäude orientieren, feste Zeitfenster wie Pausen und Unterrichtsbeginn einhalten und lernen, dass nur nach Meldung gesprochen werden darf. Zudem ist das lange Sitzen in Verbindung mit geringer körperlicher Aktivität für einige Kinder ein großer Einschnitt in ihre Komfortzone. In der Schule gibt es deutlich mehr Regeln als in der Kita und diese werden auch konsequent umgesetzt. Sich daran zu halten ist ein Lernprozess und kostet Kinder Kraft.

Hinzu kommt der stundenlange Kontakt zu den vielen neuen Klassenkameraden und auch der damit verbundene Lärmpegel. In jeder Klasse dauert es eine Weile, bis sich ein gewisses Gefüge etabliert und jeder Schüler eine Position gefunden hat, in der er sich wohl fühlt. Sich selber in der Klassengemeinschaft zu behaupten, Spielgefährten zu finden, die man mag und mit diesen zarte Freundschaften zu knüpfen, verlangt Kindern viel Energie ab. Kein Wunder, dass am Nachmittag nicht mehr viel davon übrig ist.

So stellen sich viele Eltern nach einigen Wochen die Frage: Ist das mein Kind? Es verhält sich ganz anders, als es das früher in der Kita getan hat? Ja, das ist völlig normal. Für Eltern ist es wichtig, auf diese Veränderungen vorbereitet zu sein und sie als normalen Entwicklungsprozess zu betrachten. Schulkindern verlangen die Stunden des Vormittags deutlich mehr Einsatz und Konzentration ab, als dies im Kindergarten der Fall war. Ihre Akkus sind leer, wenn Mama oder Papa sie dann von der Schule oder vom Hort abholen. Einige Kinder sprudeln in den ersten Momenten noch von den Erlebnissen des Schultages, andere sind schon jetzt einfach nur müde. Die Folge: Eltern erleben ihre Kinder am Nachmittag als deutlich schlechter gelaunt, unausgeglichen und antriebslos.

Wichtig ist an dieser Stelle, die Perspektive des Kindes einzunehmen. Denn aus seiner Sicht hat es einen gesamten Arbeitstag hinter sich gebracht. Dabei hat es sich stundenlang dabei angestrengt, allen fachlichen Erwartungen zu entsprechen, unzählige neue Dinge vom Chef (Lehrer) erfahren und sich zusätzlich mit den Kollegen auseinandergesetzt. Ganz schön viel Input für so kleine Köpfe!

Daher ist es ganz normal, dass Kinder am Anfang ihrer Schulzeit nachmittags erschöpft sind. Zumeist pendelt sich dieser Zustand mit der Zeit wieder ein, wenn das Kind souveräner im Umgang mit den täglichen Anforderungen geworden ist. Auf dem Weg dorthin kannst du dein Kind optimal unterstützen, indem du

- die Nachmittag möglichst frei hältst
- Hobbys reduzierst aber Verabredungen förderst
- Zeit zum freien Spielen einplanst
- Ruhephasen (z.B. mit Hörbuch) anbietest
- keine Erwartungen an lange Erzählungen hast
- Langeweile deines Kindes als regenerativ erkennst und aushältst

Je geringer die Anforderungen am Nachmittag sind, umso besser kommt dein Kind mit den Anforderungen am Vormittag zurecht. Gib ihm die Zeit, die es braucht, um in seinem neuen Lebensabschnitt anzukommen und sich sicher zu fühlen. Sobald das der Fall ist, wird sich sein Verhalten auch wieder deutlich entspannen.

Anbei findest du eine Übersicht über die neuen Herausforderungen deines Kindes und Tipps für deinen Umgang mit ihnen:

Einschulung und Veränderungen

Der Alltag	Dein Kind	Für Eltern
Früh aufstehen	Mehr Selbstständigkeit	Loslassen
Neues Umfeld	Andere Selbstwahrnehmung	Täglich Interesse zeigen
Feste Regeln	Sprachliche Entwicklung	Kind Freiräume lassen
Warten, bis man dran ist	Erweiterung sozialer Kontakte	Nicht zum Klassenlehrer werden
Hortbetreuung	Mehr Verantwortungsgefühl	Positives Verhalten verstärken
Hausaufgaben	Einfordern der Privatsphäre	Neue Vorbilder akzeptieren
Engere Struktur	Ausprägung der Emotionen	Sich selbst neu definieren
Bindung an Ferienzeiten	Entwicklung der Persönlichkeit	Veränderungen annehmen
Neue Verpflichtungen	Individuelle Integration in Klassenverband	Kind stärken

Kapitel 9

Vier gewinnt: So lernt dein Kind am Besten

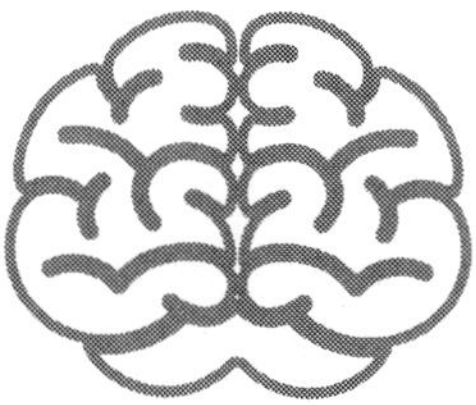

Hör doch einfach mal zu! Tja, wenn das für unsere Kinder mal so einfach wäre. Denn nicht allen Kindern gelingt es, neue Lerninhalte alleine über das Ohr aufzunehmen. Sie benötigen andere Wahrnehmungskanäle, um Wissen zu verarbeiten und zu speichern. Dabei hilft uns Eltern die Unterscheidung in 4 Lerntypen, um unser Kind optimal bei seinem Lernprozess zu begleiten. Diese Lerntypen möchte ich dir heute gerne vorstellen und Tipps geben, wie du mit deinem Kind am besten üben kannst.

Was sind Lerntypen überhaupt?

Der Begriff Lerntypen bezeichnet unterschiedliche Wege des Lernens. Dabei geht es hauptsächlich um die Art und Weise, wie Lerninhalte aufgenommen werden. Wir alle nehmen Informationen über unterschiedliche Wahrnehmungskanäle auf. Also z.B. übers Sehen, Hören oder Tasten. Bei den

Lerntypen geht man davon aus, dass Menschen Informationen auf verschiedene Arten unterschiedlich gut aufnehmen und verarbeiten können.

Während ein Kind also am besten über Bilder und Videos lernt, muss ein anderes die darin enthaltenen Informationen nachbauen, um sie wirklich verstehen zu können. Das Lernergebnis mag gleich sein – der Weg dahin aber für jeden ganz unterschiedlich.

Welche Lerntypen gibt es?

Zumeist spricht man über die vier Lerntypen, die von Frederic Vester festgelegt wurden. Ihnen wohnt keinerlei Wertung im Sinne von besser oder schlechter bei. Sie sind schlichtweg für jeden Menschen verschieden:

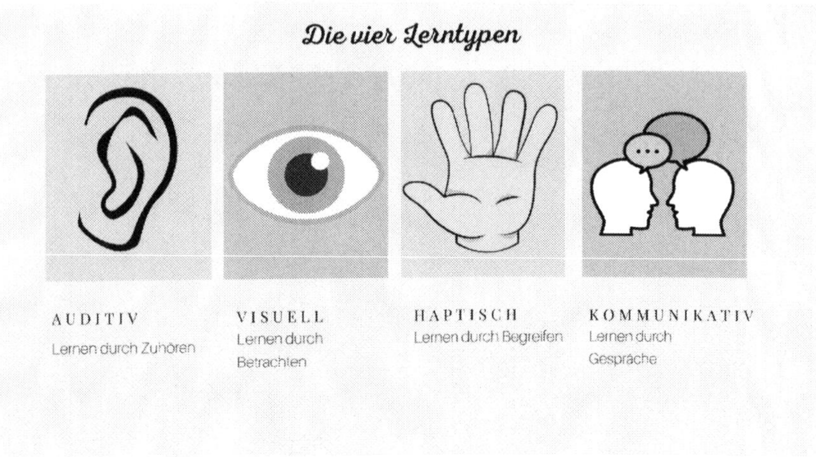
Die vier Lerntypen
AUDITIV
Lernen durch Zuhören
VISUELL
Lernen durch Betrachten
HAPTISCH
Lernen durch Begreifen
KOMMUNIKATIV
Lernen durch Gespräche

1.Der auditive Lerntyp

Dieser Lerntyp ist meistens im Schulleben im Vorteil. Er lernt nämlich tatsächlich am besten übers Zuhören. Er kann sehr gut auswendig lernen, indem er den Text laut spricht und ihm liegen mündliche Aufgaben.

Lerntipp: Lass dein Kind seine Lerninhalte laut vorsprechen und aufnehmen (z.B. über ein Sprachmemo). Später kann es sich das Gesagte erneut anhören und lernt somit gleich zweimal! Auch CDs und Hörbücher sind für diesen Lerntypen super geeignet, um fast nebenbei neues Wissen aufzunehmen.

2. Der visuelle Lerntyp

Der visuelle Lerntyp lernt über das Betrachten, das Lesen von Informationen und das Beobachten von Handlungsabläufen. Er schreibt gerne mit und nimmt Informationen durch Sehen und zeigen lassen auf.

Lerntipp: Grafiken, Bilder und Lernvideos sind gut geeignet, um diesem Lerntyp spielend leicht Wissen zu vermitteln. Es fällt ihm leichter, sich Inhalte zu merken, wenn er sich diese in Form von Grafiken oder Bildern veranschaulicht. Auch Fotos und Videos können im Alltag genutzt werden, um einen großen Lerneffekt zu erreichen.

3. Der haptische Lerntyp

Dieser Lerntyp muss Dinge buchstäblich begreifen, um sie zu verstehen. Haptische Lerntypen verwenden bevorzugt ihre Hände, Bewegungen und ihren Tastsinn, um etwas über die Welt, die sie umgibt, zu lernen. Oft mögen sie Sport und Bewegungsspiele und auch andere körperliche Aktivitäten wie Gärtnern oder Holzarbeiten.

Lerntipp: Learning by Doing so oft es geht, unterstützt diesen Lerntyp bei seinem Wissenserwerb. Lernen durch Bewegung, Anfassen und selber machen funktioniert für ihn am besten.

4. Der kommunikative Lerntyp

Der kommunikative Lerntyp verarbeitet sein Wissen durch Kommunikation. Er lernt am Besten durch Diskussionen und Gespräche. Für ihn ist die sprachliche Auseinandersetzung mit dem Lernstoff und das Verstehen im Dialog von grosser Bedeutung. Er muss Erklärungen durchsprechen – sie mit anderen diskutieren.

Lerntipp: Gemeinsame Gespräche in der Familie oder die Abfrage durch Geschwister helfen diesem Lerntypen dabei, sein Wissen zu festigen. So profitieren auch die anderen Kinder und lernen im gegenseitigen Austausch dazu. Wichtig ist es dabei, auf feste Gesprächsregeln zu achten, damit der kommunikative Lerntyp nicht ausschließlich die Diskussion dominiert.

Wichtig zu wissen: Meistens überschneiden sich die Lerntypen und die Lernwege ergänzen einander.

Wenn dein Kind also ein kommunikativer Lerntyp ist, lernt es trotzdem nicht nur über Gespräche. Dieser Lernweg ist bei ihm lediglich am stärksten ausgeprägt. Die Einbindung der anderen drei Lernwege ist zusätzlich sinnvoll.

Denn am nachhaltigsten lernen Kinder, wenn bei einem Thema so viele Lernwege wie möglich miteinander kombiniert werden. Beispiel Frühblüher: Rausgehen und die Blümchen auf der Wiese betrachten (haptischer Lerntyp), sich vor Ort über das Aussehen, den Geruch etc. Unterhalten (kommunikativer und auditiver Lerntyp), sich Notizen über das Gesagte für später machen (visueller Lerntyp). So kann man auch viele Dinge, die man als Familie außerhalb der Schule erlebt, zu einem super Lerneffekt verbinden.

Kapitel 10

Von artigen Mädchen und ungezogenen Jungen

Schulst du in diesem Jahr deinen Sohn ein oder deine Tochter? Tatsächlich machen Mädchen und Jungen im Laufe ihrer Schulzeit ganz unterschiedliche Erfahrungen. Klar, diese sind ohnehin von Kind zu Kind verschieden. Doch auch in der Wahrnehmung der Lehrer gibt es teilweise Unterschiede zwischen den Geschlechtern. Ich möchte dir das Thema anhand einer kleinen Anekdote aus meiner eigenen beruflichen und privaten Erfahrung schildern.

Wir befinden uns in einer ersten Klasse, Unterrichtsfach Englisch. Als Fachlehrerin weiß ich, wie wichtig eine gute Grundlage für die weiteren Sprachkenntnisse ist. Darum habe ich mir für diese Englischstunde bei meinen Schulanfängern etwas ganz Besonderes einfallen lassen. Den wohl durchdachten Inhalt von 45 Minuten Unterrichtszeit habe ich schülergerecht aufbereitet und selbstverständlich differenziert, damit mein Input auch wirklich die Köpfe meiner 26 Schüler erreicht.

Es könnte alles so schön sein. Wenn da nicht diese Jungs wären! Sie scheren sich ganz offensichtlich nicht um meine kreativen Ansätze. Stattdessen machen sie Quatsch, puffen ihrem Sitznachbarn in die Seite oder krakeln das Deckblatt ihres Arbeitsheftes voll. Aktiv zuhören tun sie meines Erachtens nach nicht.

Meine mühevolle und zeitintensive Unterrichtsvorbereitung wird von ihnen so gar nicht gewürdigt und ich merke, wie in mir langsam die Wut hochsteigt. Meine mahnenden Blicke ignorieren sie, oder nehmen sie vielleicht wirklich nicht wahr. In dem von mir gewünschten Sinne, nämlich mit einer Verhaltensänderung, reagieren sie erst, als mir schließlich verbal der Kragen platzt. Nun habe ich endlich ihre ungeteilte Aufmerksamkeit, doch die Leichtigkeit der Stunde ist verflogen. Ärgerlich, denke ich mir, da hätte ich mir die Arbeit auch sparen können.

Szenenwechsel. Ich sitze beim Elternabend meines Sohnes und lausche mit großen Ohren. Schon seit längerem gärt ein Konflikt zwischen Mädchen und Jungen, so wird es zumindest von der Klassenlehrerin kommuniziert. Die Rollen scheinen dabei klar verteilt zu sein: Die Jungen sind die Bösen, die Mädchen sind die Opfer. Unsere Söhne würden mit Ausdrücken um sich werfen, die Mädchen permanent ärgern und sie bei jeder Hofpause so drangsalieren, dass ihnen nur der Weg zur Lehrkraft bleibt. Eine Kommunikation mit den Mitschülern auf Augenhöhe sei schlichtweg nicht möglich. Und überhaupt, so ergänzt, die Lehrerin, hätte es in letzter Zeit häufig Beschwerden von Fachlehrern über die Jungen in der Klasse gegeben.

Nanu, denke ich mir da als Mutter, kann das wirklich so einseitig sein? Unlängst hatte mein Sohn mir berichtet, dass eine Mitschülerin ihn den ganzen Schultag lang mit „Nackenklatschern“ drangsaliert hätte. Obwohl er das Mädchen mehrfach darum gebeten hatte hörte sie nicht auf, ihn während der Pausen zu verfolgen.

Meine diesbezügliche Nachfrage bringt die Lehrerin ein wenig aus dem Konzept. Nein, nein, antwortet sie, natürlich sind nicht alle Jungen damit gemeint. Und natürlich seien die Mädchen häufig auch schuld an den Konflikten, über die sie sich anschließend beschwerten. Man dürfe das nicht so einseitig sehen. Richtig, das darf man wirklich nicht

Es sind nicht einfach DIE Jungs, die stören. Genau so wenig, wie DIE Mädchen immer dem Unterricht folgen und sich völlig regelkonform verhalten. Der Unterschied ist, dass Jungen in der

Regel in ihrem Verhalten mehr auffallen. Sie sind lauter und ungestümer als Mädchen. Sie testen ihre körperlichen Kräfte aus und werden daher im schulischen Umfeld häufig als „störend“ empfunden.

Dabei kann es bei dieser Diskussion nicht um eine Verallgemeinerung der Geschlechter gehen. Es gibt leise und zurückhaltende Jungen ebenso wie lautstarke Mädchen, die sich in einer eher dominanten Rolle wohlfühlen. Diese Differenzierung ist wichtig, um nicht den individuellen Blick auf jeden einzelnen Schüler zu verlieren.

Mädchen gelingt es eher, unter dem Lehrer-Radar zu fliegen. Natürlich testen auch sie ihre Grenzen aus und verletzen ihre Mitschülerinnen ebenso verbal, wie einige Jungen das tun. Doch ihre Art und Weise ist subtiler und fällt im stürmischen Schulalltag schlichtweg nicht so auf, wie zwei auf dem Boden miteinander kämpfende Drittklässler

Insbesondere die Grundschule wird dominiert von weiblichen Lehrkräften. Laut einer Studie von STATISTA vom Januar 2022 liegt der Männeranteil im Grundschullehramt bei rund 17%. Bei einem Kollegium von 40 Lehrkräften folgt daraus, dass lediglich 6 männliche Lehrer sich 34 Kolleginnen gegenübersehen. Von einer Balance, die es bei 52% männlichen und 48% weiblichen Schülern an Grundschulen gibt, kann man hier nicht ansatzweise sprechen.

Als Lehrerin fühle ich mich teilweise von der Lautstärke und vor allem der Körperlichkeit einiger Jungen gestört. So schnell kann ich bei der Pausenaufsicht gar nicht rennen, wie an manchen Tagen ein Streit auf den anderen folgt und die Kampfhähne sich nur widerspenstig und mit hochrotem Kopf von mir trennen lassen. Da beginnt die nächste Unterrichtsstunde dann schon mit einem leichten Stresspegel und der Hoffnung darauf, dass der

Konflikt sich nicht über die folgenden 45 Minuten ausdehnt und somit meine Unterrichtsplanung sprengt.

Als Mutter bin ich der Ansicht, dass mein Sohn ein Recht darauf hat, sich wie ein Junge zu verhalten. Wenn er dabei manchmal über die Stränge schlägt dann ist das zwar nicht in Ordnung. Aber die Schule sollte für ihn auch ein Ort sein, an dem er sein soziales Verhalten trainieren kann. Eine negative Rückmeldung vom Lehrer finde ich völlig akzeptabel – Pauschalisierung hingegen nicht.

Jungen passen halt oftmals nicht in das Korsett, in welches unser Regelunterricht sie zwängt. Langes Stillsitzen, ruhige Arbeitsphasen, eine saubere Handschrift – das sind Herausforderungen, an denen einige scheitern. Auch das ordentliche Führen der Arbeitsmaterialien, stets konzentrierte Mitarbeit und eine empathische Ansprache des Lehrers sind schulische Anforderungen, die vielen Mädchen leichter fallen. Für den stärkeren Bewegungsdrang der Jungen bleibt hingegen fast nur im Sportunterricht Raum. Und dieser schrumpft abzüglich der Zeit des Umziehens auf wenige Minuten in der Woche zusammen.

Mädchen haben zudem den Vorteil, dass gerade das Grundschulsystem mit vielen Inhalten eher auf ihre Interessenlage ausgerichtet ist. Unterrichtsinhalte wie Schönschreiben mit dem Füller, Lesenlernen mit bunten Fibel-Figuren oder basteln in der Weihnachtszeit schaffen es nur bedingt, die Neugierde und das Interesse der meisten Jungen zu wecken. Aus fehlendem Interesse entsteht wiederum Langeweile. Und wer sich langweilt kommt gerne auf die Idee, den Unterricht zu stören.

So kann es passieren, dass Jungen schlechtere Leistungen als Mädchen in einem Fach zeigen, obwohl ihr Leistungsstand vergleichbar ist. Der nachlässige

Umgang der Jungen mit Arbeitsmaterial und ihre non-konformen Verhaltensweisen können dazu führen, dass sie in der Bewertung ihrer Leistung herab gestuft werden. Das ist ungerecht und kann auf Dauer zu einem Verlust der Lernmotivation und zu Schulfrust führen.

Solltest du das Gefühl haben, dass dein Junge - oder dein Mädchen - nach einigen Wochen in der ersten Klasse benachteiligt wird, dann kontaktiere unbedingt den Klassenlehrer. Er kann deinen Verdacht entweder entkräften - oder entsprechende Maßnahmen einleiten, um eine gerechte Behandlung zu gewährleisten.

Kapitel 11

Albtraum Mobbing:

So kannst du dein Kind unterstützen

Wenn das Schuljahr langsam voranschreitet entsteht bei Eltern manchmal die Sorge, dass ihr Kind in der Schule unter Mobbing leidet. Vor allem jüngere Kinder in der Grundschule fühlen sich den Anfeindungen ihrer Mitschüler häufig schutzlos ausgeliefert. Sie trauen sich nicht, die Hilfe eines Lehrers in Anspruch zu nehmen oder anderweitig auf ihre Notlage aufmerksam zu machen.

Was prinzipiell wichtig ist: Nicht jeder abwertende Kommentar sollte gleich als Mobbing betitelt werden. Nicht akzeptabel sind solche Äußerungen - das auf jeden Fall. Aber Mobbing ist mehr als das. Mobbing geht über einen längeren Zeitraum, bedeutet psychische und / oder physische Gewalt und erfolgt meist in einem Ungleichgewicht der Kräfte (starker Täter – schwaches Opfer).

Nur wenn es gelingt, die Rangelei oder Hänselei einer Unterrichtspause von Mobbing abzugrenzen, können Opfer wirklich gehört werden. Mobbing hat Gewicht, und dieses sollte auch in den Sanktionen gegen die Täter deutlich werden. Hier kommen Antworten auf die häufigsten Fragen rund um das Thema Mobbing:

Kann jedes Kind Opfer von Mobbing werden?

Ja, jedes Kind Opfer von Mobbing werden. Schüchterne und introvertierte Kinder haben allerdings eher das Problem, dass sie sich nicht trauen über Mobbing zu reden. Daher werden sie u.U. wiederholt zum Opfer, denn die Täter fühlen sich bei ihnen sicher

Warum mobben Kinder überhaupt?

Die Gründe dafür sind meist ganz unterschiedlichen Ursprungs, die sich nicht pauschalisieren lassen. Zumeist geht es um ein Gefühl von Macht und Stärke, welches die Täter gegenüber ihren schwächeren Opfern verspüren. Darum ist es ganz wichtig, das eigene Kind zu stärken. Dann kann es sich auch erfolgreich gegen Mobbing verteidigen – auch, indem es sich Hilfe bei anderen sucht und sich nicht schämt.

Wie kann ich mein Kind unterstützen?

Immer und immer wieder das Selbstvertrauen des Kindes stärken! Kinder, die ein gesundes Selbstvertrauen und Selbstwertgefühl haben, werden sich eher gegen einen Täter stellen, als unsichere Kinder das tun. Wichtig ist auch den Kindern zu erklären, dass es nicht peinlich ist, gemobbt zu werden. Einige Kinder schweigen aus Scham, das sollte auf keinen Fall passieren. Der Täter sollte sich schämen, nicht das Opfer!

Wie vermeide ich, dass mein Kind andere mobbt?

Versuchen, ihr Empathievermögen zu schulen. Ihnen immer wieder bewusst machen, wie sie selber sich wohl in einer vergleichbaren Situation fühlen würden. Für uns Erwachsene mag dieser Perspektivwechsel selbstverständlich sein, Kinder müssen ihn oft noch lernen.

Wie verhalte ich mich, wenn mein Kind mir von einem Mobbing-Vorfall erzählt?

Umgehend das Gespräch mit dem Klassenlehrer suchen. Bei diesem Gespräch solltest du dir die

Lösungsvorschläge von Seiten der Schule anhören. Erwarten darfst du, dass sich der Täter mit merklicher Reue beim Opfer entschuldigt und natürlich dessen Eltern informiert werden.

Und wenn ich mich als Eltern nicht ernst genommen fühle?

Dann führt der nächste Weg zur Schulleitung. Auch schulinterne Maßnahmen wie z.B. eine kurzfristige Suspendierung des Täters vom Unterricht wären denkbar, liegen aber im Ermessen der Schulleitung. Sollte man sich auch dort nicht ernst genommen fühlen, kann man den zuständigen Schulrat während seiner Sprechzeiten aufsuchen und dort den Vorfall schildern. Auch Hilfsorganisationen, die sich gegen Mobbing stark machen, können zur Hilfe gerufen werden.

Welche vorbeugenden Maßnahmen machen Sinn?

In erster Linie natürlich mit den Kindern reden. Immer wieder ihnen bewusst machen, welche Folgen ihre Handlungen haben und was sie damit bei anderen Menschen für Gefühle auslösen. Vorfälle sofort besprechen, nicht erst am nächsten Tag. Gehörtes ernst nehmen und täglich Zeit für Berichte vom Schultag einplanen. So behält man als Mama und Papa zumeist einen sehr guten Einblick in die Erlebnisse, die das Kind am Vormittag beschäftigt haben.

6 Tipps für richtiges Verhalten bei Mobbing

1. Höre deinem Kind aufmerksam zu und frage aktiv nach, wenn dir etwas komisch vorkommt.

2. Finde heraus, wo, wann, wie und von wem es gepiesackt wird.

3. Nicht aggressiv über reagieren und umgehend die anderen Eltern konfrontieren. Es ist vorrangig ein Schulproblem, also kontaktiere die Lehrkraft.

4. Stärke das Selbstbewusstsein deines Kindes, indem du ihm mit Vertrauen und Wertschätzung begegnest. Gib ihm das Gefühl, zu 100% hinter ihm zu stehen.

5. Arbeite mit Schulleitung und Klassenlehrer zusammen, um wirksame Maßnahmen zu veranlassen. Hilfe bei Mobbing liefern auch Schulpsychologen.

6. Viele Kinder geben sich selbst die Schuld dafür, Opfer zu sein. Stärke dein Kind in dem Wissen, dass es keinerlei Schuld an seiner Situation trägt.

Zögere beim Thema Mobbing nicht, einem Verdachtsfall nachzugehen. Lieber einmal zu viel beim Lehrer nachfragen als einmal zu wenig.

Kapitel 12

Der Code für stets bemüht und Co: Das verbale Zeugnis verstehen

Nach dem ersten Schuljahr erhält dein Kind zumeist ein verbales Zeugnis. Anstelle der Auflistung einzelner Fächer und den erreichten Zensuren von 1-6 ist eine verbale Beurteilung ein Fließtext. Dieser ist ungefähr eine DIN A4 Seite lang und beschreibt die Entwicklung des Kindes vom Tag der Einschulung bis zum Abschluss des ersten Schuljahres.

Viele Eltern versuchen, aus diesem Text die Zensuren des eigenen Kindes herauszulesen. Wie steht es denn nun in Mathe und welche Leistung hat es beim Lesenlernen erreicht? Dabei möchte ein verbales Zeugnis eigentlich genau das vermeiden. Insbesondere bei Erstklässlern ist es sinnvoll, ihre Lernentwicklung der letzten Monate zu beschreiben. Das geht mit einem ausformulierten Text weitaus besser, als mit der Festlegung auf Ziffern von 1-6. Eltern sollte also bewusst sein, dass ihr Kind im ersten Schuljahr eine enorme Entwicklung durchlaufen hat, die eine elementare Grundlage für die kommenden Lernjahre darstellt.

Verbales Zeugnis in der 1. Klasse

Dennoch ist es sinnvoll, sich einige Ausdrücke genauer anzusehen und sie somit besser verstehen zu können. Denn ebenso wie bei einem Arbeitszeugnis gibt es bestimmte Wörter, die Rückschlüsse auf das Leistungsvermögen des eigenen Kindes zulassen. Und nur wenn man dieses realistisch einschätzen kann, ist auch eine optimale Unterstützung möglich. Anbei einige Tipps zum Entschlüsseln gängiger Zeugnis-Formulierungen:

Zunächst ist es immer ein sehr gutes Zeichen, wenn ein „sehr" zur Verstärkung im Text steht. Wenn dein Kind also etwas „sehr gut" beherrscht und „sehr sicher" im Anwenden von neuen Kenntnissen und

Fähigkeiten ist, ist das mit der Note Eins gleichzusetzen.

Falls dein Kind für einige Aufgabenarten „noch Hilfsmittel“ oder „Unterstützung“ benötigt, fehlen einige Kenntnisse. Auch wenn es in „bekannten“ Aufgabenstellungen zurecht kommt, scheint es das Thema noch nicht komplett zu beherrschen, um eigenständig schwierigere, weil unbekannte Aufgaben lösen zu können. Das entspricht eher der Note Drei.

Wenn im Zeugnis steht, dass dein Kind sich in einem Fach „bemüht hat“ bedeutet das meist, dass es noch nicht so gut im Unterricht mitkommt. Es kann helfen, wenn du bestimmte Inhalte gemeinsam mit deinem Kind wiederholst, um ihm mehr Sicherheit zu geben.

Arbeits- und Sozialverhalten auf dem Zeugnis

Nicht nur der Lernfortschritt spielt auf dem Zeugnis in der Grundschule eine Rolle, sondern auch das gezeigte Arbeits- und Sozialverhalten. Hier gibt es Kinder, deren Kompetenzen in den beiden Bereichen stark voneinander abweichen. Durchgehend „sehr gut“ den Zahlenraum von 1-20 verstanden zu haben bedeutet nicht automatisch, dass der Schüler mit Interesse das Unterrichtsgeschehen verfolgt.

Wenn dein Kind „stets für neue Themen zu begeistern“ war, oder „über das gesamte Schuljahr hinweg“ eine hohe Lernbereitschaft zeigte, ist es ein sehr guter Schüler bzw. eine sehr gute Schülerin. Wenn das Wörtchen „stets“ in der Bewertung fehlt, weist das eher auf eine gute Leistung hin. Wenn dein Kind sich „nicht von sich aus“ an Neues herantraute, ist das ein Zeichen dafür, dass es noch nicht selbstständig genug arbeitet.

Um herauszufinden, wie gut dein Kind mit Aufgabenstellungen umgeht, lohnt es sich darauf zu achten, ob es „zielstrebig“ und „motiviert“ oder „bei Interesse“ mitarbeitet. Diese Formulierungen machen den Unterschied zwischen sehr guten und lediglich befriedigenden Leistungen.

Wenn die Arbeitsweise deines Kindes als „überaus gründlich“ beschrieben wird, entspricht das meist der Note Eins. Auch eine „große Selbstständigkeit und Motivation“ passt dazu. Wenn etwas mit einem „besonderen Lob“ versehen wurde, ist es natürlich eine herausragende Leistung.

Eine Bewertung der Arbeitsweise, in der beschrieben wird, dass dein Kind im Unterricht „sachbezogen“ antwortete und Lernziele „oft“ oder „größtenteils“ erfüllt hat, meint, dass es noch Bereiche gibt, die es regelmäßig üben und auch zu Hause vertiefen sollte.

Umgang mit dem Zeugnis

Auch wenn du noch Verbesserungsbedarf aus dem Zeugnis deines Kindes herausliest, solltest du es unbedingt für seine erbrachten Leistungen loben. Gehe davon aus, dass dein Kind in diesem Jahr sein Bestes gegeben hat. Nichts motiviert Kinder mehr, als positive Bestätigung. Die Anerkennung von Mama und Papa, dass das erste Schuljahr ein gut gelungener Start war, kann für die Leistungen der zweiten Klasse Wunder wirken.

Kapitel 13

10 Elternfragen -

10 Lehrerantworten

1. Wieviele Kinder werden in einer Klasse sein?

Diese Frage kann nur individuell beantwortet werden, da sich hier nicht nur die Bundesländer voneinander unterscheiden, sondern auch die einzelnen Kommunen. Da jede Schule aber einen gewissen Vorlauf hat und die Anmeldezahlen für die ersten Klassen kennt, kannst du diese Frage direkt im Sekretariat stellen. Dort kann dir verlässlich Auskunft darüber gegeben werden, mit wie vielen Kindern dein Kind in einer Klasse sein wird.

Schulen achten prinzipiell darauf, die Geschlechter gleichmäßig zu verteilen. Zwar ist eine exakte 50:50 Mischung nicht immer möglich, doch das Verhältnis von Mädchen und Jungen wird weitgehend ausgewogen sein. Häufig berücksichtigen Schulen auch Freundschaften aus Vorschulgruppen und übernehmen diese bei der Zusammensetzung der Schulklassen. Dies muss allerdings nicht immer der

Fall sein und sollte dir im Vorfeld keine allzu großen Sorgen bereiten (siehe hierzu Kapitel 5).

2. Lernt mein Kind in kleinen Klassen besser?

Viele Untersuchungen haben gezeigt, dass Kinder von einer kleinen Lerngruppe profitieren. Das ist auch der Grund, warum es in der Grundschule regelmäßig Teilungsunterricht gibt. Dort wird die Klasse in zwei Hälften aufgeteilt und erhält parallelen Unterricht. Dies hat den Vorteil, dass es zum einen deutlich ruhiger im Klassenraum ist und sich die Kinder so besser konzentrieren können. Zum anderen ist es auch für den Lehrer einfacher, auf die Bedürfnisse von 13 Kindern anstatt von 26 Kindern gleichzeitig einzugehen.

Dennoch ist Unterricht in größeren Klassen zumeist die Regel - insbesondere in städtischen Regionen oder dort, wo sich die Eröffnung einer weiteren ersten Klasse aufgrund der Anmeldezahlen nicht lohnt. Darüber entscheiden übrigens nicht die Schulen, sondern es gibt konkrete Richtwerte die von den Verwaltungen vorgeschrieben sind. Deine Bedenken sollten hier aber nicht zu groß sein: Lehrer sind Experten darin, das individuelle Potenzial ihrer Schüler zu erkennen und entsprechend zu fördern. Dein Kind wird als Persönlichkeit gesehen werden - auch bei einer höheren Klassenfrequenz.

3. Welche Kleidung ist passend für die Einschulung?

Immer wieder lese ich Grübeleien darüber, welches Outfit wohl das richtige am Tag der Einschulung sei. Rock oder Hose, Kleid oder Hemd? Passend zu den Eltern oder zumindest zur Kleidung der Geschwister? Dabei führen all diese Überlegungen, für die dann häufig auch viel Geld ausgegeben wird, vorbei am eigentlichen Ziel: Einer gelungenen und entspannten Einschulungsfeier.

Der wichtigste Aspekt ist nämlich der, dass sich das angehende Schulkind wohl fühlt in seiner Kleidung. Nichts ist für Kinder schlimmer als in Anziehsachen gesteckt zu werden, die ihm nicht gefallen oder die unbequem sind. Verkleide dein Kind nicht für die Einschulung. Besprecht das Outfit gemeinsam, guckt was der Kleiderschrank hergibt und kauft ggf. einzelne Stücke nach. Wähle die Kleidung so, dass dein Kind sich auch nach 10 Jahren gerne noch die Fotos ansieht, ohne sich dafür zu schämen.

4. Darf die Schule bestimmte Firmen für Produkte wie Stifte, Tuschkasten etc. vorgeben?

Die Schule (oder der Klassenlehrer) darf zwar Wünsche bzgl. des einzukaufenden Materials äußern, verbindlich sind diese allerdings nicht. Es liegt im Ermessen der Eltern, für welche Herstellermarke sie sich letztlich entscheiden. Bei einigen Produkten (z.B. Tuschkasten) wird häufig auf eine teure Marke hingewiesen, da deren Farben eine besonders gute

Deckkraft haben. Man sollte dies als Empfehlung verstehen, nicht als Kaufzwang.

Allerdings kann es sich gerade bei Verbrauchsmaterial lohnen, zunächst ein paar Euro mehr auszugeben. Durch die bessere Qualität halten die Sachen oft länger und müssen nicht so schnell nachgekauft werden, wie das bei günstigeren Produkten teilweise der Fall ist. So spart man mittelfristig mit einer höherpreisigen Anschaffung mehr, als es zunächst den Anschein hat.

Anbei eine Übersicht über die Materialien, welche dein Kind in der ersten Klasse benötigen wird:

5. Mein Kind ist noch sehr verspielt – Könnte das ein Problem werden?

Der Schulbeginn bedeutet für alle Kinder einen großen Einschnitt. Die Anforderungen sind höher als die Kinder es bislang gewohnt waren und der starre 45 Minuten Takt ist für bewegungsfreudige Schüler eine Herausforderung.

Die meisten Lehrer der 1. Klasse verfügen jedoch über ein Repertoire an kurzen Bewegungsspielen, welche den Kindern zumeist nach 15-20 minütigen Arbeitsphasen die Möglichkeit zum Aufstehen, Arme ausschütteln u.ä. geben. Sollte euer Kind anhaltende Probleme mit der Konzentration im Unterricht haben, muss eine individuelle Lösung gefunden werden. Hierzu am besten das Gespräch mit der Klassenleitung suchen.

6. Ich möchte mein Kind gerne bis zum Klassenzimmer begleiten – darf ich das?

Schulkind sein heißt auch, selbstständiger zu werden. Den Weg zum Klassenzimmer alleine zu meistern gehört dazu. Einige Schulen gewähren eine Art „Übergangsfrist“ bis zu den Herbstferien, während der Eltern ihre Kinder bis zum Klassenraum begleiten dürfen. Andere weisen bereits mit Schildern am Eingangstor darauf hin, dass die Kinder ab hier bitte den restlichen Weg alleine zurücklegen sollten.

Diese Vorgehensweisen sind abhängig von der jeweiligen Schule und den Empfehlungen, die in internen Konferenzen ausgearbeitet wurden. Mein Tipp: Richte dich nach den Vorgaben der Schule und habe Vertrauen in dein Kind – es schafft das! Natürlich bestätigen Ausnahmen die Regel und falls es morgens doch mal ein Tränchen geben sollte, wird euch keiner wegen eurer Begleitung böse sein.

7. Muss ich nachmittags mit meinem Kind für die Schule üben?

Kleinere Hausaufgaben werden bereits in der 1. Klasse gegeben. Sie dienen dazu, das Gelernte zu vertiefen und zusätzliche Übung zu ermöglichen. Darüber hinaus ist es zumeist nicht nötig, weiteres Material zu bearbeiten oder ergänzende Übungshefte auszufüllen. Sollte dein Kind mehr Übung benötigen, wird sich der Klassen- oder Fachlehrer mit dir in Verbindung setzen, um gezielte Maßnahmen zu besprechen.

Für die Kinder ist es sehr wichtig, am Nachmittag ihren eigenen Interessen nachgehen zu können. Spielen und sich mit neuen Freunden treffen sollte dabei einen Großteil der Zeit einnehmen. Sie brauchen diesen Ausgleich, um dem Unterrichtsgeschehen am nächsten Tag wieder aufmerksam folgen zu können. Von daher solltest du auf unnötige zusätzliche Übungen verzichten.

8. Wie gehe ich mit Homeschooling um

Niemand von uns wünscht es sich, aber aufgrund der momentanen Situation kann eine Phase des Homeschoolings im Herbst und Winter sicher nicht ganz ausgeschlossen werden. Für Schulanfänger ist diese Form des Unterrichts besonders herausfordernd, da sie vom nahen physischen Kontakt zum Lehrer profitieren und stark auf Mimik und Gestik reagieren. Auch sind ihre Computerkenntnisse noch nicht so ausgereift, wie es für ein effektives Homeschooling nötig wäre.

Die gute Nachricht ist: Nach zwei Jahren Pandemie sind die Schulen umfangreich auf diese Situation vorbereitet. Jede Schule hat individuelle Konzepte erarbeitet, um die Schüler bestmöglich aufzufangen und sie im Homeschooling zu begleiten. Das gilt auch für Schulanfänger. Sollte diese Unterrichtsform also wieder eingesetzt werden, dann darfst du konkrete Informationen zum Ablauf und Umfang des Homeschoolings erwarten. Eventuell werden diese zur Sicherheit auch schon bei einem der Elternabende angesprochen.

Für dich als Elternteil bedeutet Homeschooling zumeist mehr Aufwand, da dein Kind besonders am Anfang noch große Unterstützung benötigt. Dennoch solltest du nicht schon im Vorfeld in Sorge verfallen. Studien haben gezeigt, dass der Lernstand von Schulanfängern trotz Homeschooling bei moderater Hilfe aus dem Elternhaus weitgehend einem normalen Level entsprochen hat. Zudem sind die Lehrer darauf vorbereitet, auf Defizite und Wissenslücken gezielt einzugehen, sobald der Regelunterricht wieder aufgenommen wird. Lass das Thema Homeschooling also möglichst entspannt auf dich zukommen - ändern kannst du es eh nicht.

9. Was wird mein Kind am Ende der ersten Klasse gelernt haben?

Das erste Schuljahr legt den Fokus auf das Erlernen von Buchstaben und Zahlen. Dazu zählen Fähigkeiten wie Lesen und Schreiben sowie Zahlen- und Rechenverständnis. Buchstaben werden zunächst in großer und kleiner Schreibweise in Druckschrift erlernt, bevor später die Schreibschrift hinzukommt. In der Mathematik wird im Bereich 0-20 gerechnet, wobei die Zehner auch bis zur 100 addiert werden. Die Kinder sollen ein Verständnis der Grundrechenarten Plus, Minus, Mal und Geteilt entwickeln. Ebenso werden Grundlagen der Geometrie sowie das Arbeiten an einem Zahlenstrahl vermittelt.

Natürlich gibt es auch in den anderen Fächern Rahmenpläne, welche die Inhalte zumeist zu 80% vorschreiben. 20% sind der Einschätzung des Lehrers überlassen und dienen zur Flexibilität während des

Schuljahres. Abgesehen vom Fachunterricht (der in der Grundschule häufig eher als vorfachlicher Unterricht bezeichnet wird), lernt dein Kind aber noch viel mehr.

Es lernt, wie es neue Freundschaften schließen kann. Es wird seinen eigenen Platz in der Klassengemeinschaft finden. Es trainiert seine Fähigkeiten, konzentriert an einem Sachverhalt zu arbeiten. Es lernt, sich eigenständig in einem Schultag zu orientieren. Eine Vielzahl an Fähigkeiten, die dein Kind genauso beschäftigen werden wie die reinen Unterrichtsinhalte. Schule ist ein Weg. Nach der ersten Klasse hat dein Kind mit deiner Unterstützung gelernt, wie es diesen souverän gehen kann.

10. Wann bekommt mein Kind Zensuren?

In den meisten Bundesländern wird das verbale Zeugnis nach der zweiten Klasse durch ein Noten-Zeugnis ersetzt. Teilweise kann dieser Zeitraum auch darüber hinaus, nämlich bis zum Ende der dritten

Klasse, verlängert werden. Entscheidend ist hierfür das Votum der Eltern, das im Rahmen eines gesonderten Elternabends abgegeben werden kann. Natürlich gibt es auch alternative Schulformen, die bis kurz vor dem Schulabschluss auf Zensuren verzichten und Schüler ausschließlich verbal beurteilen.

Doch was ist denn nun eigentlich besser: Verbale Beurteilung oder klar definierte Zensuren? Hierfür gibt es keine eindeutige Antwort, denn jedes System hat Vor- und Nachteile. Zudem ist jedes Kind verschieden und kommt mit den Systemen anders zurecht. Während ein Kind von Zensuren motiviert wird, profitiert ein anderes von einer rein verbalen Beurteilung. Somit kannst du nur individuell für dein Kind entscheiden und nicht einer allgemeinen Empfehlung folgen. Damit du gut informiert in die Abstimmung über eine Verlängerung der verbalen Beurteilung gehen kannst, habe ich die Vor- und Nachteile in dieser Übersicht für dich zusammengestellt:

Vor- und Nachteile von Zensuren

Pro

- ✓ Zensuren erleichtern die Vergleichbarkeit
- ✓ Zensuren sind eindeutig
- ✓ Zensuren fördern die Leistungsbereitschaft
- ✓ Zensuren decken Probleme deutlich auf
- ✓ Kinder lernen durch sie, mit Misserfolgen umzugehen

Contra

- ✓ Zensuren sind subjektiv und Lehrerabhängig
- ✓ Zensuren erzeugen Druck und blockieren das Lernen
- ✓ Zensuren sind demotivierend
- ✓ Zensuren sind ungenau und wenig aussagekräftig
- ✓ Zensurengebung verhindert Fehler und führt zu angepasstem Denken

Die Einschulung ist für dein Kind und dich als Elternteil zunächst ein Sprung ins kalte Wasser. Springen muss dein Kind selber. Doch du kannst viel dazu beitragen, dass es sich in der Schule bald so wohl fühlt wie ein Fisch im Wasser. Begleitete dein Kind mit liebevoller Aufmerksamkeit und lass es spüren, dass du bedingungslos an seiner Seite stehst.

Nimm ihm dennoch nicht alle schulischen Herausforderungen ab, denn es wächst daran seine Konflikte zunehmend eigenständig zu meistern. Dein Kind soll während seiner Schulzeit zu einem selbstbewussten und selbstständigen Erwachsenen mit klarem Verstand und guter (Herzens-)Bildung heranreifen. Dieses Ziel erreichst du am Besten, wenn du mit den Lehrern deines Kindes Hand in Hand zusammenarbeitest.

Damit Schule gelingen kann, muss die Kommunikation zwischen Eltern und Lehrern gelingen. Gespräche auf Augenhöhe sind die Voraussetzung dafür, dass unsere Kommunikation sachlich und zielgerichtet erfolgen kann. Ein Team aus Eltern und Lehrern kann nur entstehen, wenn beide Seiten dafür eine grundlegende Bereitschaft haben. Dies setzt die Wertschätzung des anderen und ein Verständnis für seine individuelle Perspektive voraus.

Sei offen für die Schul-Berichte deines Kindes und schenke seinen Lehrern ein ebenso offenes Ohr für ihre Sicht der Dinge. Vertrauen heißt das Zauberwort, das du zu deinem Kind längst hast und zu den Lehrern nun aufbauen solltest. Wenn es dir als Mutter oder Vater gelingt, Hand in Hand mit den Lehrern zusammen zu arbeiten, vermittelt dies deinem Schulkind eine sichere Basis. Und ein sicheres Fundament zum Schulbeginn ist die beste

Voraussetzung, um dem großen Tag der Einschulung einen erfolgreichen Lernweg folgen zu lassen.

Solltest du weitere Fragen zur Einschulung, erster Klasse und Grundschulzeit haben, kannst du gerne direkten Kontakt zu mir aufnehmen. Auf meiner Homepage www.mama-und-co.de findest du dazu alle weiteren Informationen. Das Erstgespräch ist kostenlos und ich freue mich darauf, dich persönlich kennenzulernen und beraten zu können!

Von Herzen alles Gute und einen tollen Start in die Schulzeit wünscht dir

Viola Patricia Herrmann

Tipp: Die 10 goldenen Regeln der Schulzeit

Diese 10 goldenen Regeln musst du kennen, um dein Kind bestmöglich durch die Schulzeit zu begleiten. 10 konkrete Impulse, die elementar für einen erfolgreichen Bildungsweg bis zum Abitur sind.

Du erhältst sie zum Preis von 15€ direkt über meine Homepage www.mama-und-co.de.

Impressum

©Viola Patricia Herrmann

12205 Berlin

viola.herrmann@mama-und-co.de